Vivre avec des troubles bipolaires et du comportement

André Leduc

Vivre avec des troubles bipolaires et du comportement

ISBN : 979-10-422-0873-8

À Nicolas, Jérôme, David…

Avant-propos

Si j'écris cet ouvrage, c'est dans le but de vous faire partager ce que j'ai vécu et vis encore aujourd'hui, à 65 ans.

Je n'ai pas la prétention d'être écrivain, j'ai pour seul bagage un CAP de mécanique générale qui ne m'a jamais servi, et mon manque de concentration m'a empêché de lire le moindre livre. Heureusement, ma mémoire visuelle a toujours été un atout majeur.

Dans cet ouvrage, je retrace ma vie jalonnée de moments de bonheur, de souffrances familiales, d'entreprises hasardeuses, d'hospitalisations… Les histoires farfelues et anecdotes se succèdent, de même que mes nombreuses compagnes qui seront autant de ruptures douloureuses. Cela donne une vie bien remplie, une perpétuelle répétition.

Dans ce parcours de vie, vous devinerez les symptômes de troubles du comportement, présents depuis mon plus jeune âge et jamais décelés par ma famille. Ce n'est qu'à l'âge de 44 ans que les médecins mettront un nom sur cette pathologie : « La bipolarité ».

Vous vous direz sans doute que je ne suis pas la seule personne atteinte de bipolarité, troubles difficiles à vivre pour soi comme pour son entourage, et vous aurez raison.

Aux détracteurs, forts de jugements hâtifs, je conseillerais de prendre du recul sur l'énoncé du mot bipolaire.

En effet, pour la bipolarité et de nombreux troubles comportementaux, les traitements par le corps médical et la médecine complémentaire ne suffisent pas. Ils ne sont que les maillons d'une thérapie, qui nécessite de redoubler d'énergie afin de pouvoir canaliser et endiguer ces maux.

J'espère que certains pourront à la lecture de mes mots, trouver des solutions et un éclairage pour enfin sortir de l'obscurité.

André Leduc

L'enfance et ses dangers

Comme toutes les histoires, la mienne commence par, il était une fois…

Papa tenait une boulangerie et Maman l'accompagnait quotidiennement, ce qui fait que j'ai été conçu entre deux fournées de pains, comme se plaisait à le dire mon Père. Une anecdote qui en a fait rire beaucoup. Il ajoutait aussi qu'avec une fratrie de quatre enfants, vu le trublion que j'étais, il était temps d'arrêter de procréer…

Je suis donc le dernier de la famille, né en 1958. Ma sœur Thérèse a vu le jour en 1948, Jean-Paul en 1950, Renée en 1953 et enfin ma sœur Gaby en 1956.

Malheureusement, différentes histoires obscures vont entraîner le dépôt de bilan de la boulangerie parentale. Mon Père, courageux, décida de nous construire une nouvelle maison. Un horizon inédit, un nouveau territoire à découvrir s'offrait à moi.

À l'âge de 4 ans, sans la surveillance de mes parents, c'est le puits d'environ cinq mètres de profondeur, creusé par mon Père près de la maison, qui attira ma curiosité. Une chute impressionnante et il m'arrive encore, six décennies plus tard, de me revoir me débattre dans un mélange de terre et d'un peu d'eau.

Il y a quelques années, lors d'un scanner, l'examen de radiologie a révélé de très vieilles fractures, issues de ce mémorable plongeon.

Après le puits, toujours sans protection, c'est de la fumée dans le jardin jouxtant la maison qui m'attira. Résultat, quelques pas dans la braise, pieds nus, suivis de la visite d'un guérisseur pour calmer les brûlures.

Après le feu, l'eau… C'était une autre époque, il y avait un seul bain hebdomadaire, le samedi soir, avec la même eau pour toute la famille. Étant le plus jeune, j'étais le dernier à me laver. Mon Père faisait chauffer l'eau dans une lessiveuse, puis la transportait dans des seaux. Un jour, toujours sans surveillance, j'ai plongé les mains dans l'eau, que dans ma petite tête je pensais froide… À nouveau, de belles brûlures…

Une autre fois, l'incident a eu lieu sur le vélo de ma mère, qui m'emmenait chercher le lait dans une ferme de la commune. J'étais assis sur le porte-bagage du vélo non pourvu de siège enfant. Et soudainement, mon pied s'est trouvé coincé entre le cadre du vélo et la roue. Panique à bord, il a fallu demander à un voisin de démonter la roue afin de libérer mon pied. Le temps d'attente me parut interminable, la douleur était intense, je n'avais que 5 ans…

Après chaque mésaventure, pour me remettre à la raison, les claques fusaient. Le martinet était souvent utilisé, pour bien montrer la répression.

Au lieu d'essayer de comprendre et de m'aider, un jour mon Père a même fait venir les gendarmes à la maison en me sommant d'arrêter mes bêtises, « sinon ce sera la prison ! ».

Toujours en représailles, traumatisé, on m'a parfois enfermé de longs instants dans le garage.

Mais comment se canaliser lorsque le dialogue n'existe pas ?

Bien des péripéties, bien des tourments dans cette petite enfance, à un âge où j'aurai eu besoin d'être accompagné de bonheur, des pas rassurants de mes parents, au sein d'une fratrie constructive dans mes relations avec mes proches et mes petits copains.

Que dire de tous ces dysfonctionnements ?

Mes parents, impuissants, n'ont pas pris la mesure de mes agissements et n'ont pas établi le socle, base d'une colonne vertébrale stable, permettant d'établir une relation pérenne.

Je ne leur tiens pas grief. Mon instabilité rendait la vie sociale quelque peu difficile. Les conséquences de mon comportement me vaudront de nombreux quolibets : « Mais que va-t-on faire de toi ? » « Tu es hypernerveux, tu ne comprends rien ! » …

Cette exaspération de mes parents ne fera qu'amplifier. La tension grandissante prendra la place de toute chaleur humaine. J'en ai pour preuve la présence d'un brouillard qui masque toutes les sensibilités affectives et supprime la quasi-totalité de mes souvenirs d'enfance.

Ces premières pages donnent une idée des fondamentaux et de la structure de mes premiers pas.

À travers ces carences qui me poursuivent encore aujourd'hui, une question se posait déjà : « Pourquoi avais-je un tel comportement ? »

La préadolescence et ses traumatismes

Dès la sortie de ma plus tendre enfance, entre 9 et 12 ans, j'ai pris une nouvelle direction, avec un peu plus de maturité et une sensation d'autonomie.

Un espace de liberté s'ouvrait à moi et il s'en fallut de peu que je prenne la direction du clergé…

En effet, repéré avec quelques autres écoliers, je suis parti faire une retraite dans un lieu de culte, pendant une semaine. Bien sûr, avec cette fois-ci, la bénédiction de mes parents.

Mais je n'étais pas un néophyte. Et même si cette voie semblait royale pour occuper mon esprit, m'aider à trouver une paix intérieure, et couper le lien ombilical, nier que ma liberté serait aux dessous des ordres aurait été une erreur de casting. Mes parents s'aperçurent vite que là n'était pas ma vocation.

Alors une autre passion arriva, la mécanique qui m'ouvrit d'autres horizons. Vélos, solex, mobylettes ont été démontés puis remontés avant d'être à nouveau démontés puis remontés et ainsi de suite… L'objectif étant de le faire le plus rapidement possible.

Mais quel intérêt de faire les choses rapidement, sans y trouver du plaisir. Quelle jouissance non reçue dans un état d'excitation non contrôlé.

On retrouve bien, ici, la continuité des dysfonctionnements. Entendre, mais ne pas écouter était bien là mon principal défaut.

Roi des bricolages de fortune sur les vélos, à l'aide d'un outillage d'avant-guerre, ne m'empêchait pas de rouler régulièrement sans freins. Par manque de temps pour les remonter peut-être et par excès de confiance aussi. Mais arriva ce auquel je ne m'attendais pas, mais qui devait forcément arriver.

À l'époque j'étais choriste et en quittant précipitamment l'église, je suis parti sur mon vélo, sans tenir compte de la circulation ! Sans frein, je n'ai pu éviter le choc frontal avec une voiture. Heureusement je n'ai pas été blessé, et plutôt chanceux, car le conducteur du véhicule m'a offert une bicyclette en meilleur état que la mienne.

Peu de temps après, alors que mon Père entrait avec la voiture dans la cour de la maison, comme à son habitude il coupa le moteur et finit la traversée de la cour en roue libre. Aussi, surpris, j'ai vu trop tardivement ce véhicule silencieux et j'ai glissé dessous avec mon vélo. Une nouvelle fois chanceux, je n'ai eu aucune blessure, mais ce ne fut pas le cas du vélo…

Ces deux accidents ne calmeront pas pour autant ma nervosité et mon inattention aux dangers. J'aurais pourtant dû en tirer des enseignements, rouler avec des freins… Que nenni, le rouleau compresseur était en route depuis longue date…

Au bout du compte, toujours le même constat, et personne pour expliquer mon comportement.

Dans cette adolescence, perturbante pour l'environnement de toute la famille, chacun s'accommodait de ses priorités.

Je déplore de ne pas avoir en mémoire des moments de partage entre frères et sœurs. J'aurais tellement aimé avoir dans mon histoire des souvenirs familiaux. Mais ils semblent avoir été écrits à la craie sur un tableau et l'éponge a tout effacé.

L'irréparable destruction de mon adolescence sera pour ma vie à venir, la raison de traumatismes et la cause de problèmes insolubles.

Ma famille était régulièrement agrandie par la venue de mes petits-cousins, habitant une commune voisine. Cela aurait dû donner matière à un nouveau champ d'action, mais là encore mon attitude se révélera des plus désobligeante. La non-recevabilité de toute différence de point de vue, provoquait chez moi la contrariété et me faisait abandonner les lieux de rencontre qui auraient pourtant été propices à la normalité.

Quelle issue pour sortir de ces confrontations ? La fuite ! Assurément, il n'y avait pas à mes yeux d'autres solutions. Cela invalidait les rapports humains et les rendait souvent blessants.

La jeunesse ambitieuse à laquelle je voulais croire, avec une destinée des plus apaisantes, me tournait le dos. Les vieux démons ne me quittaient pas, mon rayon d'action vers les autres diminuait, tout cela limitait la continuité des contacts.

Je ne pouvais conserver en mémoire les informations qui auraient servi à mieux vivre, je me refermais. Ces injonctions paradoxales n'apportaient rien de bon pour un avenir structurel.

Mon comportement était jalonné par des périodes cyclothymiques, le côté linéaire n'étant jamais atteint. Mes facultés et mon aptitude naturelle à sentir les choses ne me permettaient pas d'évoluer.

Il y avait la menace grandissante d'une dégradation, aucun voyant au vert. Je continuais ma route dans ce climat de tension et ce marasme. Le risque de conflit s'accentuait, le désarroi profond de ma famille s'amplifiait, ne trouvant que des actions sans solution.

Dans cette période de déséquilibre, sans la moindre évolution, il me fallait cependant essayer d'établir un dialogue constructif. Je devais aller de l'avant et me servir des erreurs du passé, afin d'en terminer avec cette mauvaise passe.

Il me fallait partir pour un nouveau chapitre, espérer dans l'inconscience… Je devais tourner une page pour en écrire une autre et enfin avancer plus sereinement…

Adolescence, instabilité, perte d'un proche

Mon adolescence sera la recherche d'une identité personnelle et pour cela tous les subterfuges seront présents. Toujours instable, j'aurais aimé trouver des stratagèmes pour combler mes déficiences, et je dois dire que je ne manquais pas d'imagination.

Dans cette recherche de confiance en moi, j'ai voulu accompagner mes amis… Ainsi, chaque week-end, je consommais du vin frelaté en traînant dans toutes les caves du secteur. Le côté euphorique omniprésent me désinhibait, mes bêtises faisaient rire tout le monde, sauf mes parents, à nouveau les premiers révoltés.

Deux mois de fêtes vont se succéder, toujours dans un état alcoolisé, avec un retour au petit matin à la maison. Mon Père mit un coup d'arrêt à tout cela, avec de la violence et ma valise au pied de la porte ! Il m'a fallu errer pour trouver un logement…

Mes parents ont cependant fini par me chercher pendant plusieurs jours, car ma sœur allait se marier quelques jours plus tard et mon absence aurait fait désordre sur la photo de mariage. Ma sœur aînée aura été la médiatrice pour une fin d'hostilité.

À l'image de ce premier départ de la maison, toute ma vie sera ensuite une longue cavale ponctuée de valises. Les départs précipités sans réflexion ni but bien précis vont se succéder. Encore un signe qui ne trompe pas.

Constamment la charge émotionnelle bannissait ma propre personne, je m'opposais farouchement à tout, n'acceptant aucun compromis. Il en ressort d'irréductibles déchirures dont les conséquences seront de taille. Mais pourquoi toujours réagir de cette manière ?

Dans mon éducation, le manque de repères et le manque d'écoute ont certainement entraîné des lacunes, mais je ne peux pas tout le temps faire endosser la responsabilité par autrui.

Et puis va survenir une catastrophe dans la famille, qui aura, entre autres pour moi, des retombées néfastes et dévastatrices. Le décès de ma sœur, laissant un mari effondré, blessé dans son cœur et dans sa chair. Elle l'avait épousé il y a seulement quelques mois, elle était seulement âgée de 20 ans… Il en résulte une haine des humains et aussi un manque d'écoute, une fois de plus. J'étais perdu dans les sanglots au quotidien.

Mes parents venaient de perdre leur fille… Des voyous alcoolisés, jouant les apprentis pilotes, à vive allure, ont tout détruit sur leur passage. Deux individus de la voiture du chauffard trouveront aussi la mort…

J'ai accompagné mon père pour annoncer le décès à mon frère. Il a reçu cette triste nouvelle comme un coup de poignard en plein cœur. J'entends encore ses hurlements, il était au bord de l'évanouissement. J'avais 15 ans, je n'étais pas à ma place…

Quel était l'état de santé de mon beau-frère ? Comment réagir face à un tel désastre ? Il venait de tout perdre en une fraction de seconde…

Je vois encore le retour du corps martyrisé à notre domicile. Mon père nettoyant comme il le pouvait, à l'aide de serviettes de bain, le sang coulant de toute part. Je vous épargne les détails, tout ceci est horrible.

Prostré dans la cuisine, me couvrant les yeux, je priais, demandant que l'on ramène ma sœur à la vie. Le tic-tac insupportable de la pendule semblait sonner le glas, le temps était arrêté, je ne savais où aller…

Ces instants sont gravés à jamais dans ma mémoire, ils me hantent toujours. Je crois que mon cerveau s'est déconnecté, que la douleur de ces instants m'a profondément désorienté, au point de me faire perdre de nombreux souvenirs. Ma mémoire sélective ne conservant que des moments difficiles et douloureux.

À la maison, mes parents prirent mon petit lit afin d'y installer le corps sans vie. Puis, après la sépulture, ils m'imposèrent d'y retourner pour passer mes nuits. Comment entrer dans cette pièce où avait reposé le corps de ma sœur sans rechercher la fuite ? Comment ne pas être instable lors de déjeuners en famille, en ayant en permanence cette vision d'horreur ?

Ces journées de deuils ont été très difficiles à vivre. Des défilés permanents de personnes bienfaisantes voulaient entourer ma famille du plus d'amour possible. Pour moi, les mots ne suffisaient pas, je ne pouvais me résigner à cette disparition tragique.

J'étais révolté et je m'étais fait la promesse de retrouver ce chauffard tueur pour me faire justice. C'était mon quotidien, une démarche indélébile, j'avais 15 ans. Celui qui avait pris une vie devait payer par la sienne. Utopique, était ma colère.

Après cette terrible épreuve, un sacro-saint silence s'est établi, plus un mot sur ce drame. Plus aucune allusion et pourtant le fait d'en parler, à mon avis, aurait été un poids de moins. Mais à cette époque, il n'y avait pas de présence d'un interlocuteur du corps médical digne de ce nom afin d'aider à soulager ses souffrances. Non, il fallait mettre les non-dits de côté.

Toute ma vie en aura été perturbée. Comme un fardeau trop lourd à porter, de manière inextricable, je ne m'en suis jamais remis.

En écrivant cet ouvrage, je prends la pleine mesure de ce passé et jette à terre mon sac, ne supportant pas une contrainte de plus.

Trop de haine, trop de colère, trop d'incompréhension, la vie est courte et longue à la fois. Il ne me fallait pas m'apitoyer après cette période si difficile, il fallait en tirer un enseignement, tenter encore d'aller de l'avant.

Mon Père va être très affecté par ce décès et ses perpétuelles sorties, chaque jour, pour évacuer une telle tristesse, en seront la conséquence. Il prenait la poudre d'escampette, toujours à 19 h, nous laissant seuls pour le repas. Dans ce mal-être, très affecté, il expliquait en détail la mort de sa fille à ses interlocuteurs.

Son absence permanente prenait le pas sur son activité professionnelle, il abandonnait partiellement sa famille et se consacrait de plus en plus à ses activités au sein de la commune rurale dont il était l'un des élus.

Après des années de vagabondage, de cavalcades, ma mère, ayant pris la pleine mesure de son état, le laissa agir. Je ne connaîtrais jamais son obstination à le laisser dans un tel fonctionnement. Un jour, je vis une pancarte devant la maison sur laquelle était inscrit « Maison à vendre ». C'était la résultante d'un conflit…

Le jeune homme défiant les interdits

Entre l'adolescence et l'âge adulte, j'ai pris de l'assurance, et comme d'habitude à vitesse grand V. Pas de temps à perdre, sans prendre en compte les dérives du passé, inutile de développer tous ces aléas inhérents.

Une nouvelle fenêtre s'ouvrait vers l'extérieur et me procurait une sensation de liberté. Après avoir été pompiste pendant deux mois, je demandais à mon jeune frère adoptif, courageux, de poncer la carrosserie de ma première voiture. Ce garçon avait été placé à l'orphelinat de la Bernerie, où ma sœur travaillait. À l'âge de 18 mois, il est venu un week-end à la maison, puis les vacances d'été, puis toutes les vacances… Et finalement il est resté avec nous jusqu'à ses 18 ans.

Mon splendide véhicule, était une Citroën 2 Chevaux, ma fierté ! Aussi, je m'empressais de la remettre au goût du jour, avec des restes de pot de peinture. Mais lors de l'application, j'ai pris conscience que quelque chose n'allait pas… La quantité de peinture était sous-évaluée ! Aussi, je me suis retrouvé avec une voiture vert foncé d'un côté, tandis que de l'autre côté on retrouvait la peinture d'origine.

J'étais bien obligé de m'accommoder de cette situation, je trouvais un peu révolutionnaire ce tableau. Certes, ce n'était pas un Van Gogh, mais ça avait un effet toutefois !

Toujours dans un objectif de rapidité et pour le plaisir de montrer mon œuvre à tout le monde, j'ai ajouté deux gros phares de camion sur la calandre, afin de customiser l'ensemble.

Dans cet empressement, la décision fut prise de rouler le soir même avec cette superbe auto. Malgré un retour au petit matin, mon père me réveilla très tôt et me demanda de sortir rapidement de mon lit pour aller voir ma voiture. La surprise était de taille ! Le véhicule était couvert de moustiques, attirés par la couleur ou l'odeur d'une peinture pas encore sèche.

Le week-end suivant, pour embellir à nouveau ma 2 Chevaux et lui donner un nouveau look, je m'affairais à la tâche. L'objectif était de nettoyer chaque emplacement de moustique. À nouveau le résultat fut très original… La ressemblance de mon véhicule tacheté avec un Dalmatien était caractérisée. J'étais toujours dans l'excès !

Afin d'ajouter encore un peu de fantaisie, l'idée m'est venue d'installer une pancarte lumineuse sur la vitre arrière, sur laquelle il y avait l'inscription : « Ne rigolez pas Mesdames, votre fille est peut-être à l'intérieur ».

J'avais copié cette phrase sur une autre voiture, loin de moi l'idée de draguer…

Sans moyen financier, les réparations étaient de bric et de broc, toujours à l'affût de la moindre occasion. La capote était démontée et en guise de klaxon, une cloche de vache me permettait d'avertir de mon passage dans tout le secteur.

Les virées dans la région étaient mon leitmotiv. Mais avec les longues distances se profilait la peur de la panne, aussi des outils et des pièces de rechange étaient omniprésents dans le coffre.

À cette époque, nous sortions entre copains uniquement. L'intérêt pour le sexe opposé était loin de mes préoccupations, et n'avait même pas effleuré mon esprit.

Malheureusement la fratrie n'a jamais été présente dans mon enfance ni dans ma mémoire. Foncer était forcément une volonté farouche de ma part et adopter une autre attitude n'aurait fait qu'amplifier des contrariétés aux conséquences non contrôlées.

Chargés d'émotions, mes irréductibles travers ne seront pas des plus simples. Mais laissons venir une autre évolution…

La période maritale et mes enfants

Alors que je quitte ma période de jeune homme, j'entre dans un autre registre, avec des souvenirs partiellement gravés, moi qui jusqu'alors ne conservais rien du passé.

J'allais connaître l'amour sans condition, vivre dans l'espoir. C'était là aussi, pour la première fois, une reconnaissance. Je n'avais plus à combattre la culpabilité, j'en finissais avec la non-considération de mes parents. Le changement s'opérait.

Enfin, j'avais droit à un regard attendrissant d'une compagne, à une complicité. Le but était atteint, mais pourquoi toute cette attente ? Le voile se levait sur un vent de fraîcheur, libre, je quittais mes chaînes et mes boulets aux pieds.

Mais après deux années de relation, mes beaux-parents prirent des positions peu encourageantes pour notre avenir. Ils enchaînèrent des réflexions qui n'avaient pas leur place. Les répercussions ne se firent pas attendre, la confrontation devint permanente, ils avaient le désir de nuire. J'ai souvent eu envie de tout plaquer, mais celle que j'aimais me donnait la force de m'accrocher.

Cette situation laissera des traces, notamment dans la décision d'avoir des enfants peu de temps après notre mariage. Nous nous rapprochions encore plus avec ma compagne, en gardant un éloignement relatif de ses parents.

Main dans la main pour ne faire qu'un, je prenais de l'assurance, dans l'ignorance… Nous avons préparé à deux seulement notre mariage, célébré en 1979. Lors de la cérémonie, la sortie fut sportive. Mon beau-père me précisa sèchement lors des félicitations : « Tu n'as jamais demandé la main de ma fille ». Il sous-entendait qu'il aurait peut-être fallu que je m'attende à un refus. Cela commençait bien…

D'autres mésaventures se succédèrent dans cette journée pleine de réflexions et de comportements des plus stupides.

Afin de bâtir notre cocon, j'entrepris la construction de notre maison avec l'objectif de la réaliser en seulement six mois. L'objectif fut atteint dans les temps définis ! Puis je me suis lancé dans la construction d'une piscine.

Toutes les occasions étaient bonnes, pour celles et ceux qui voulaient venir se baigner, profiter d'une grillade… Pendant des années, le va-et-vient fut incessant, en raison de la qualité de l'accueil, mais aussi par facilité. Certains y retrouvaient le goût des vacances, mais cela nous bridait dans notre intimité. Mais pris par mon esprit, peut-être cyclothymique, je ne savais refuser toutes ces demandes.

Seulement un surmenage vint réveiller un sentiment de sur puissance… Je n'avais, à nouveau, peur d'aucun danger. L'exaltation euphorisante donnait le plus grand optimisme au présent. C'étaient certainement les prémices d'une maladie que j'ignorais. J'étais sûr de moi, avec moins de conscience. Je ne consultais pas non plus de médecin pour un diagnostic de mes comportements.

Un dialogue fut amorcé sur l'éventualité de troubles du comportement, mais je le refusais. Il y avait une seule alternative, foncer sans ouvrir mon champ de vision. Dans ces phases hypomaniaques, je me suis tout permis, comme vous le découvrirez dans les pages à venir.

Mais revenons à ma famille, qui va s'agrandir avec l'arrivée de trois beaux garçons : Nicolas en 1982, Jérôme en 1985, David en 1990. Ils sont les plus beaux du monde et vont bénéficier d'une éducation tenue de main de maître par mon épouse. Un cadre nécessaire, afin de faire de ses petits loups, des hommes.

La très grande piscine était leur terrain de jeu. Ils avaient de l'espace, de la liberté pour bricoler et se déplacer, afin de laisser libre cours à leur imagination. Pour les vacances, je louais chaque année pendant deux mois une résidence en bord de mer, qui leur permettait de s'évader.

Je donnais le change à Jérôme, le second de mes fils, fier de son parcours. Lui aussi aimait démonter et remonter ses véhicules motorisés. En père bienveillant, je ne freinais ni son ardeur ni son agitation, dans une attitude singulière.

L'aîné de mes fils, Nicolas, beaucoup plus sérieux, représentait l'exemple. Par son calme et son aptitude, il aspirait par ses valeurs à devenir l'élite, l'homme de premier plan.

En ce qui concerne mon petit loup, David, c'est le roi de la débrouille. Toujours discret et efficace dans ces choix, il est en plus très courageux. On le surnomme le petit mignon.

Tous trois conservent leur propre personnalité, chacun a fait de son parcours, une orientation des plus respectueuse. Ma fonction était de structurer et d'être soucieux de la construction fondamentale de leurs jeunes années. Mais pour moi qui étais peu structuré, donner le bon exemple n'était pas un exercice des plus facile.

Lors d'un voyage, mon dernier fils, âgé de six ans, a sauté, avec sa bouée, dans une piscine. Il est passé au travers et a coulé. Il a frôlé la mort ! Sans l'intervention des pompiers, la fin était fatale. J'étais le seul responsable de cet accident, car je l'avais laissé sans surveillance. Moi qui avais pourtant vécu une situation presque similaire avec une chute dans un puits.

Plus tard, lors de vacances à la neige, nous sommes partis avec une famille élargie. Les enfants étaient heureux de ce séjour, mais chez moi, la nervosité était présente. J'étais omniprésent, voulant encore tout contrôler.

Si je fais état de ces détails, c'est simplement pour expliquer et montrer, ce qui existait, et malheureusement sera par la suite détruit.

L'entrepreneuriat et ses conséquences

Dans ma vie professionnelle, j'ai été salarié dans de très nombreuses entreprises, œuvrant dans des domaines très variés. Des emplois que j'ai toujours abandonnés en démissionnant. À chaque fois, ces prises de décisions seront très spontanées.

Comme je l'écris dans l'introduction du livre, je possède uniquement un CAP de mécanique générale et je vais constamment travailler loin de mes prétentions initiales. En effet, se succéderont, la cueillette de tomates, le retournement de poches d'huîtres en mer, l'usinage de panneaux dans une fabrique de meubles… Puis, de retour du service militaire, j'enchaînerai d'autres emplois comme livreur de produits surgelés, responsable approvisionnement de cosmétiques, vendeur pour une laiterie…

En feuilletant un magazine, en 1986, je tombe un jour sur une annonce que je trouve alléchante. Une entreprise recherche un candidat pour prendre la gérance d'une société de distribution de produits alimentaires auprès des professionnels de la RHF (Restauration Hors Foyer). Au sein de cette entreprise, j'aurais des commanditaires, qui avancent des fonds pour la société, et j'en serais le commandité, seul responsable de leur gestion et répondant des dettes de la société.

C'était une aventure improbable, il n'y avait pas de business plan, pas de client, pas de comptabilité analytique et aucun antécédent en chiffre d'affaires... Bref, accompagné de mon épouse, il nous a fallu tout construire à la force du poignet...

Nous avions six salariés et mes enfants, alors mômes, m'aidaient comme ils le pouvaient. Ils chargeaient les camions frigorifiques, fiers d'apporter leur contribution. Mon fils de 6 ans, David, portait fièrement un à un les packs de lait, content de rendre service à son Papa.

Mon frère d'adoption était également présent pour me seconder, sans rechigner. Il était toujours proche de moi, je pouvais compter sur lui. Le second de mes fils, Jérôme, m'accompagnait au petit matin, il se souvient encore de l'odeur des véhicules et de l'ambiance du MIN (Marché d'Intérêt National) avec tous ses marchands et grossistes.

L'activité était très intense, je débutais chaque journée à 4 h pour rarement la terminer avant 18 h. Inutile de dire combien la fatigue était présente. Cette surcharge de travail provoquait une tension intense et un épuisement. Ce travail s'apparentait à un instrument de torture, duquel je ne pouvais me défaire.

Malheureusement, les impayés à répétition des clients mirent à mal la pérennité de l'entreprise et la vente fut inéluctable. Afin de solder l'ensemble, mais aussi pour éviter d'amputer mes biens propres et mettre ma famille à l'abri, j'ai gardé un poste de commercial dans l'entreprise.

Pourquoi, une fois de plus, ce surinvestissement ? Quel était l'intérêt personnel et pécuniaire, si ce n'est de se retrouver dans un monde irréel et matériel…

Ce qui peut paraître borderline pour certains était pour moi un état normal. Pourquoi avoir créé une telle odyssée, de tels tracas, sur de simples pulsions, qui fragilisaient mon entourage et ma propre famille. Ce foisonnement d'idées d'entreprendre et de poursuite de ce cycle infernal n'apportait rien de bien.

Alors, pour en finir avec cette situation, il me fallait une autre hygiène de vie, avec un peu plus de repos, de normalité. Cela allait se dessiner, ponctuellement…

Un soir, mon père, en revenant d'une de ses sorties nocturnes, comme il le faisait depuis le décès de ma sœur, traversa la route imprudemment et fut fauché par un véhicule. Il décédera trois semaines plus tard. Il avait 71 ans… Les conséquences de ce nouveau drame seront une nouvelle fois néfastes pour toute la famille, il nous fallait supporter un deuxième deuil tragique.

Je pris conscience à 37 ans, lors de ses obsèques, de la notoriété de mon Père. Il y avait foule sur le parvis de l'église, beaucoup de personnes n'ayant pas pu pénétrer dans l'édifice religieux.

Par sa présence, la population locale à laquelle il avait donné beaucoup de son temps, sans compter, venait le remercier pour tous les services apportés. Certains anonymes venaient me dire ô combien, mon Père était quelqu'un de bien.

Mon frère d'adoption perdait son père spirituel, je pris la pleine conscience de ce qu'il représentait pour lui.

Il surviendra dans cette satanée semaine du décès de mon Père, une histoire des plus rocambolesques, invraisemblable collusion. Je travaillais toujours à Nantes, comme commercial, dans l'entreprise d'agroalimentaire. Mon employeur laissa une enveloppe sur mon bureau en me précisant de la remettre à son épouse dans 48 heures, car il devait s'absenter. Je trouvais cela étrange, sachant qu'il avait annoncé être présent aux funérailles de mon père. J'étais le seul à connaître l'existence de cette lettre, sans connaissance du contenu. Le lendemain, mon employeur ne donna pas signe de vie. Son absence intrigua son épouse ainsi que l'ensemble du personnel. Mais je n'ai pas parlé de ce courrier…

Respectant la volonté de mon employeur, je le transmis à la date convenue à son épouse. La stupeur fut grande ! Mon employeur avait programmé son suicide et dans la lettre il précisait le lieu où retrouver son corps.

La conjugaison de ces deux décès m'a anéanti. La culpabilité m'accompagnait, je ne savais aller de l'avant. Il s'ensuivra une proposition de l'entreprise, pour que j'en prenne la direction. Mais comme par le passé, je ne pouvais me présenter dans ces lieux chargés de cette horrible histoire.

Cette situation grave et affligeante ne me laissait pas de marbre, ma prédisposition aux fluctuations d'humeurs revenait. Ces deux phénomènes, survenus coup sur coup, ne firent qu'accroître des dysfonctionnements et une instabilité… Je perdais mon calme et je ne gérais plus mes choix.

Toutes ces émotions, dans un laps de temps aussi court, me perturbaient fortement. Aujourd'hui, avec une plus grande connaissance du statut de mon Père, je pense que j'étais prédisposé génétiquement à des troubles du comportement.

Il survint alors un nouveau choix hasardeux, en 1995... La proposition de faire la promotion et la commercialisation d'abris pour les GMS (Grandes et Moyennes Surface). Je devais pour cela être présent physiquement sur l'ensemble des départements de métropole. Ce qui devait être un plaisir professionnel, conjugué à un peu de tourisme, s'avéra tout autre.

Après avoir développé intensivement un portefeuille client, un poste de responsable de pose m'a été proposé. Une nouvelle fois j'ai voulu tout maîtriser, ce qui a entraîné un désaccord avec ma direction.

Ces interactions mirent un terme à notre collaboration. Je laissais peu de place à la prudence, qui m'aurait permis d'accéder à une stabilité. Pourquoi ces empressements, la volonté de se donner en spectacle, d'établir des confrontations et un déséquilibre permanent ?

Puis vint un nouveau job, dès 1996... Cette fois, j'ai pris ma voiture et direction la Roumanie. J'étais salarié, je découvrais une autre culture, une nouvelle approche des ouvriers... Mes méthodes de travail s'opposaient à leur fonctionnement, ce qui a fortement compromis mes projets. J'y suis resté quelques mois, avant de me résigner à un retour évident.

Une nouvelle fois il fallut rebondir, retrouver un nouvel emploi et être présent afin de nourrir ma petite tribu. J'ai alors essayé de rétablir des contacts professionnels perdus et de remettre le pied à l'étrier.

Grâce aux relations de mon passé ainsi qu'à une certaine reconnaissance et un peu de notoriété, j'ai enfin pu trouver la satisfaction. Les portes s'ouvraient sur des propositions d'embauches. Je retrouvais en 1999 un poste similaire à celui que j'occupais dans mon entreprise. Cette fois j'étais salarié et je vais y rester une dizaine d'années. Ma fonction était élargie, mais cette reconnaissance importante me donnait trop d'assurance... Ce qui fait que je me suis encore régulièrement retrouvé en désaccord avec des collègues.

Mais globalement, tout se passait bien... Seulement, un malheureux contretemps vint anéantir mon énergie.

Pendant toutes ces années, je n'ai jamais pris soin de mon corps et en particulier de mon dos, fragilisé depuis ma plus tendre enfance. La décision fut prise pour une opération en 2000. Mais, à la suite d'une erreur chirurgicale, il s'ensuivra trois nouvelles opérations... Les médecins impuissants, ne sachant traiter le problème, préconiseront de longs séjours d'hospitalisation suivis de longues semaines en centre de rééducation. Mais cela ne donnera pas de véritables résultats.

Je craignais de ne plus pouvoir me mouvoir, l'incertitude du lendemain régnait, allais-je retrouver ma motricité ? Ce fut une véritable descente aux enfers, m'obligeant à respecter un arrêt de travail de 2 ans et demi...

Je n'ai jamais pu reprendre mon poste. La direction de l'entreprise avait changé, je me retrouvais sur la touche.

Sans tenir compte de mon historique au sein de la société, un nouveau directeur aux dents longues m'envoya au placard. Sans aucune proposition de reclassement honorable, il m'a congédié.

J'étais socialement perdu, je perdais tous mes repères. C'était très complexe, alors qu'il me restait dix ans avant la retraite…

Ces causes vont avoir de grands effets. Je n'appartenais plus au monde des actifs, j'aurais dû prendre du bon temps et me consacrer au repos, mais mes travers étaient toujours présents… Des choix inadaptés se profilaient, j'étais toujours instable, mes troubles comportementaux s'amplifiaient, laissant peu de place à une forte réflexion.

L'ego salarial

Toutes les actions que j'ai menées dans ma vie professionnelle ne représentaient en aucun cas pour moi, une quelconque recherche de reconnaissance ou de mise en avant. Et pour preuve, je n'ai jamais établi un plan de carrière et j'ai changé une dizaine de fois de métier.

Cette succession confirme une instabilité, notamment après ma période sous les drapeaux, et est indéniablement peu rassurante.

Alors que certains entrent dans la vie active et restent dans une seule activité, pour ma part les métiers seront multiples. Dans ce parcours, à chaque fois en tant qu'orateur, je mobilisais rapidement. Je laissais parfois peu de place aux autres interlocuteurs, j'écoutais peu, il m'arrivait parfois de couper la parole. J'étais toujours mobilisé, voulant convaincre que mes idées étaient les meilleures.

Partout j'apportais dans mes divers postes une abondance d'idées, une prolifération à toute épreuve, un foisonnement d'ingéniosité… Je remettais en question l'existant, bousculais des principes et des valeurs et donnais de nouveaux caps, sans tenir compte des desiderata des autres.

Cet ego pour moi n'existait pas, pourtant il était présent et n'apportait que de la distance. Pour certains partenaires, mes idées étaient constructives et bienvenues. En revanche, d'autres étaient réfractaires au changement et à mes initiatives. Pourtant je ne voulais ni provoquer de quelconques fractures avec ceux qui m'entouraient ni les froisser par mes agissements.

Cet ego m'a fait passer à côté de ce qu'aurait pu m'apporter le recul. J'avais le savoir-faire, j'aurais dû rester à ma place, ne pas constamment chercher à être le calife à la place du calife.

Provoquer des risques de tensions n'était pas ma priorité, mais ma prise de conscience était absente. Cette suractivité, ce tourbillon incessant qui m'accompagnait depuis des années ne s'arrêtait pas. Je restais éveillé, sans contrôler ma direction.

Ces excès de tout ordre concernant mes rapports avec le monde du travail laisseront des traces, obligeant de nombreuses séparations avec mes employeurs. La fragilité de mes comportements et la non-compréhension des acteurs m'entourant m'obligeaient à chaque fois à démissionner.

Mais les charges émotionnelles et les affections liées à ces licenciements laisseront des traces. À chaque fois il me fallait repartir au bas de l'échelle, reconquérir une confiance, m'assurer d'une quiétude. Mon vœu était d'en finir avec toutes ces situations instables, mais elles cesseront uniquement par obligation, au moment de quitter le monde actif, le monde du travail…

Divorce, tentative de suicide, hospitalisation

Le divorce est une période tellement difficile à vivre… Il y a la personne qui prend la décision, avec un temps d'avance sur celle qui se retrouve sur le quai de gare, alors que le train est déjà parti. Ce fut mon cas…

Je suis toujours hanté par cette comparaison, cette image. De plus, je n'ai jamais compris le fondement de ce choix. En 2002, après une vie commune de 23 années, avec nos trois enfants, le bonheur aurait dû être partagé dans la longévité. Seulement mes attitudes ont débouché sur une incompréhension légitime. La tension inhérente à mon caractère, mon instabilité et mes troubles de l'humeur n'ont fait qu'amplifier cette désorientation.

Je n'avais aucune conscience de ces états, la pression était élevée, je multipliais les choix hasardeux et impétueux, j'avais une créativité débordante, mon épouse était désorientée. Ma combativité était omniprésente, sans aucun frein sur mes ardeurs. Lassée de mes agissements, mon épouse a fini par prendre la décision de divorcer.

Je ne m'y attendais pas, sans doute en raison du manque de dialogue, qui m'aurait peut-être fait réagir. Le couperet tomba lors de cette annonce et la réaction, disproportionnée, ne se fit pas attendre.

Je me suis effondré près de la table, j'étais pris de panique, tout s'écroulait. Je me suis alors réfugié dans la salle de bains où j'ai pris tous les médicaments disponibles. Puis je les ai avalés sous les yeux mes enfants… Moi qui leur avais donné la vie… Depuis, une profonde culpabilité me poursuit.

Comment pouvaient-ils supporter un choc aussi violent ? Leur papa voulait les abandonner, peut-être le voyaient-ils mourir, lui qu'ils prenaient pour un modèle. Nous n'en avons jamais reparlé depuis, les traumatismes et les plaies sont toujours présents.

Un de mes fils précisera un jour à sa maman qu'il ne lui pardonnera jamais cette annonce violente de divorce…

Pour moi, après cette ingestion massive de médicaments, il s'ensuivra une perte de connaissance et une syncope. J'ai été hospitalisé aux urgences, où l'on m'a fait un lavage d'estomac. Le lendemain, à mon réveil, ma famille était présente.

Un médecin me précisa que j'étais un danger pour moi-même. Ma dignité était atteinte, il fallait me rendre à l'évidence, après un geste comme celui-ci, certains me tourneraient le dos, profitant d'une destruction de ma fiabilité.

Ma belle-famille, soucieuse de me nuire depuis le début de ma relation, était à son apogée, colportant des faits souvent déformés.

J'ai donc été hospitalisé, pendant 21 jours. Je ne me sentais nullement à ma place dans cette clinique, même si je me rendais bien compte que le repos était plus que nécessaire. Je n'avais pas de rasoir à disposition, on avait ôté les lacets de mes chaussures, afin d'éviter toute récidive… On m'avait prescrit de nombreux médicaments, je pleurais toute la journée.

J'étais perdu, je pensais à mon passé, je m'inquiétais pour mon avenir. Et je gardais l'espoir de reconquérir mon épouse…

Enfin, le quatrième jour, j'ai reçu son premier appel, elle me demandait si j'avais pensé à mon relogement… Cela signifiait qu'il n'y avait plus de retour possible.

Lors de ma sortie de la clinique, un acquéreur s'était déjà manifesté pour l'achat de notre maison. Mon épouse me rappela que nous avions construit notre maison sur un terrain offert par ses parents, et que la maison lui revenait de droit. Ainsi sont faites les lois…

Je me sentais dévalorisé, moi qui avais construit de mes mains ce logis. Par dépit, j'ai pensé réitérer un autre geste horrible, encore un comportement complètement surréaliste et qui aurait été lourd de conséquences. Je perdais tous mes repères, j'étais perdu et abandonné, je me retrouvais seul.

Sans savoir où aller, atteint, il me fallait prendre des décisions. Je suis retourné dans ce qui était encore notre maison. Nous nous sommes regroupés autour de la table du salon, mon épouse ayant demandé à nos enfants, âgés de 20, 17 et 12 ans, d'être présents. Il fut demandé à chacun de se positionner, sur le choix d'un parent pour la garde…

Un de mes fils se positionna à mon profit. Si tel n'avait pas été le cas, le sol se serait à nouveau dérobé sous mes pieds. Je le remercierais toujours.

Pour ne rien oublier, la liste des biens cumulés après toutes ces années de vie commune était déjà établie, alors que je venais juste de sortir de la clinique. Une page se tournait, sans aucune explication à ce divorce. Je n'avais jamais imaginé cette décision ni perçu un silence ou une expression susceptible de m'ouvrir les yeux. Ce divorce va véritablement affecter l'ensemble de ma famille et de mes amis.

Aujourd'hui, je pense que mes troubles comportementaux sont l'une des raisons de cette situation irréversible, pour laquelle mon épouse avait certainement pris la décision depuis de longue date.

Cette séparation aura d'énormes conséquences. Mes deux fils aînés se confronteront ensuite, avec toujours une incompréhension permanente. J'ai voulu m'interposer, leur demander une conciliation, mais l'ampleur de leur opposition est toujours d'actualité.

Mon jeune fils ne fait jamais allusion à cette période et je n'ai jamais voulu l'affecter en lui remémorant ces instants intenses.

En ce qui me concerne, dans cette situation d'incompréhension et parfois de fatalité, il me fallait quitter ces lieux chargés du souvenir de ces années de vie avec mes enfants. Pour la première fois, je ne savais pas où dormir.

Je me trouvais dans un stress post-traumatique…

Le monde médical et les traitements

J'ai véritablement le plus grand respect pour les corporations ayant prêté le serment d'Hippocrate. Lors de mon hospitalisation, après ma tentative de suicide, j'ai rencontré des médecins, des infirmiers psychologues, des psychologues cliniciens, des psychiatres... Chacun joue un rôle différent, mais toujours complémentaire.

Au début de mon hospitalisation, ma méconnaissance de tous ces services m'enlisait dans une confusion des professions.

Ma prise en charge fut faite après un entretien avec un psychiatre. Son but était d'évaluer et de connaître mon parcours, de tenir compte de ma tentative de suicide, et de me mettre à l'abri de toute rechute. Cette première étape allait permettre une intégration dans un pavillon, en fonction de ma pathologie.

Lors de cet entretien, des mots furent mis sur mes maux, dont bipolarité. Mais que voulait bien signifier ce charabia ? On me mit un livre à disposition. Au fur et à mesure de ma lecture, je me retrouvais dans ces descriptions. Il y avait une évidence, caractérisée par ma différence à la normalité.

Chaque jour je prenais des médicaments, qui avaient une action de somnolence. Ils ne me procuraient que du désagrément et de l'incompréhension. Je cherchais à fuir ce lieu.

Le repos ne me paraissait pas obligatoire, en raison de mon mode de fonctionnement, pourtant il s'avérait indispensable aux dires du corps médical.

Ma surabondance d'énergie et ma faculté à réagir rapidement se trouvaient affectées. Le regard des autres patients m'était insupportable. Je suis resté cloîtré pendant quatre jours. Dans cette ambiance pesante, mon inaptitude à créer des liens était présente. J'étais associable, mais il me fallait retrouver une stabilité.

Les infirmiers me conseillèrent de penser à moi et de ne pas prendre les souffrances des autres. Cette atmosphère me rendait oisif, ma seule activité était le dessin et la peinture, dans un atelier.

N'ayant plus les codes sociaux, il me restait le lit pour me reposer, entre les prises de médicaments et les entretiens journaliers avec le psychiatre. Je marchais dans le parc, jouais au ping-pong pour garder du dynamisme… Mon seul objectif était de sortir. Mon médecin traitant m'avait parlé d'un séjour de quatre jours, mais la désillusion a été grande en apprenant que le programme était de 21 jours.

Suspendu, à l'annonce d'un éventuel appel téléphonique, je me retrouvais isolé… J'étais au milieu de multirécidivistes, de schizophrènes… Le choix de discussion était très limité. La surconsommation de psychotropes détruisait tout sur son passage.

Mon ex-femme est venue une seule fois, accompagnée de mon fils. J'étais désorienté, ne trouvais pas mes mots. Je m'efforçais de garder le sourire, de contenir ma haine… Ce dimanche après-midi fut très pénible. Dès leur départ j'ai demandé une assistance et à nouveau des anxiolytiques me furent administrés.

Au fil du séjour, j'ai pris plus de vigueur. J'ai respecté le protocole de soins, une sortie pouvait enfin être envisagée. Le psychiatre ne craignait plus une nouvelle tentative de suicide. Le bilan hospitalier faisait état d'un surmenage dans mes emplois, depuis des années. Épuisé par ce cumul de travail, l'annonce brutale du divorce n'avait fait qu'inciter mon geste fatal.

En quittant cet univers médical, un suivi mensuel a été établi afin de ne pas me laisser seul dans la nature. Le rééquilibrage des dosages médicamenteux sera désormais permanent…

Après cette hospitalisation, à l'âge de 44 ans, la stabilité est devenue partiellement normale, l'idée suicidaire avait disparu. Et pendant des années, j'ai retrouvé la sérénité du point de vue mental. Les traitements prodigués par le médecin m'apportaient un équilibre.

Les lieux de vie, loin des miens

À la suite de mon divorce et de mon hospitalisation, pour me refaire une sorte de virginité, j'ai pris une autre direction, cherchant à trouver l'âme sœur. L'abandon de ma première épouse me provoquait un ensemble de désillusions, mais devait rester en arrière-plan. Le désir d'aller de l'avant, sans ambition particulière, me poussa toutefois dans le choix d'aventures hasardeuses.

Afin de faire des rencontres, pour éviter une situation inextricable et me présenter avec une certaine crédibilité, je me suis inscrit sur un site. Ce contact virtuel me paraissait le plus approprié. À diverses reprises, un choix s'imposera, caché derrière un écran.

Ce ne fut pas un exercice des plus faciles. Ce catalogue n'appartenait pas à mon langage familier. Je trouvais des familles recomposées, des divorces en cours et autres situations de tout ordre avec des destinations improbables. Un choix s'imposait, il me fallait choisir.

Après un statut structuré de vie de couple et un célibat récent, je culpabilisais sur mes dysfonctionnements de vie antérieure. Sur le site, plusieurs propositions retinrent mon attention, il me fallait enfin prendre des décisions.

Ces rencontres amoureuses ont toujours commencé par une période de contact, emplie d'un plaisir intense et des sensations fortes. Malheureusement, pour chaque nouvelle aventure, je n'étais pas constructif et l'accélération de mes défaillances m'emmenait droit dans le mur.

L'incompréhension de mes compagnes aurait pourtant dû m'alerter sur ma non-fiabilité et sur le manque de sérénité pour le long terme. Parfois, malgré leur bienfaisance et leur écoute, je ne les entendais pas. Les séparations étaient inévitables…

Ces ruptures à répétition me plongeaient dans de véritables imbroglios. Il s'ensuivait une fâcheuse tendance à fuir ces lieux de vie. J'étais dans l'obligation de me reconstruire, de repartir à zéro, avec la sensation de perdre beaucoup de temps.

Pourtant, à chaque fois, mon engagement sans faille et mon intégration étaient relativement forts. Je voulais parfois me positionner comme le sauveur. Ma générosité me donnait satisfaction et couvrait mes défauts, bien réels, ainsi que mes troubles comportementaux.

Plusieurs lieux de vie s'établirent, avec des compagnes différentes. La multitude des rencontres laissait à chaque fois une instabilité et mettait en avant un éloignement des miens. De ces aventures, je ne retirais globalement que des incertitudes. Mon empressement pour établir une relation pérenne était intense. Je me focalisais à définir un cadre nouveau, ne tenant pas en compte l'avis des nouvelles compagnes ni de leur passé. Je balayais tout par la présence de mes idées, que je voulais incontestables, dans des endroits parfois hostiles.

J'entrais de plain-pied dans chaque relation, mon perpétuel surinvestissement me faisait à nouveau défaut. À chaque fois, ce qui aurait dû être des rendez-vous inattendus, des relations affectives, s'écroulait comme un château de cartes.

L'enthousiasme de ces rencontres ne dura jamais dans le temps, mes valises prendront sans cesse des directions différentes, pour des orientations aux multiples conséquences.

Mon attitude ne laissait pas insensibles les membres de ma famille, qui pouvaient s'attendre au pire par mes choix hasardeux. Mes pertes de repères s'affichaient, me transportaient dans une volonté d'obtenir une liaison, j'étais peu soucieux des ennuis qui pourraient en jaillir.

Mes enfants, écoutant mes annonces de nouvelles relations, préférèrent prendre de la distance afin de ne pas subir le spectacle affligeant de ces relations éphémères.

Ma stabilité à leurs yeux n'était pas atteinte, ils ne me portaient aucun crédit.

L'ensemble de ma famille se sentait également impuissant devant cette dégradation, leurs paroles ne trouvant pas de ma part une écoute constructive et positive. L'éloignement me rendait vulnérable. Inquiets, ils ne savaient me ramener à la raison, incapables de désamorcer cet emballement.

Cherchant à oublier les déboires précédents de ma vie de famille, ma persévérance décuplait et un surinvestissement reprenait le pas. Peut-être une recherche de reconnaissance, penseront certains, mais ce n'était pas le cas. Je voulais rendre le plus de services possible, oubliant ma propre personne.

La connexion entre mon passé et le présent laissait des traces, mes erreurs et mes agissements du passé n'étaient pas mis à profit. Il n'y avait pas de profonde réflexion, ni de changement bénéfique. Je n'écoutais pas, je ne voyais pas les signaux m'avertissant d'un dérapage difficilement pardonnable.

Ma bipolarité n'était pas cachée, je n'ai jamais oublié de la préciser dans mon parcours de vie, j'ai toujours préféré être franc, au risque de déplaire.

La fuite en avant, la faillite

Mes nombreuses séparations entraînaient des incompréhensions légitimes de ma famille et débouchaient sur un regard des moins rassurants à mon égard.

La seule alternative résidait dans une fuite en avant. Partir, mais pour aller où ? Je voulais m'éloigner des jugements des autres, oublier mes mauvais souvenirs, les mettre au placard.

J'étais découragé par ce passé, mais également par mes rencontres avec le corps médical. Parfois il m'annonçait être bipolaire, puis il n'en était plus certain, supposant alors des troubles comportementaux. Pour les combattre, il me prescrivait des traitements évasifs, qui ne me donnaient plus aucune confiance. Je me sentais dans une sorte de mensonge permanent.

J'avais le désir de changer de direction, sans tenir compte des conséquences. Je me disais que mon potentiel était bien présent et que plus rien de destructeur ne pouvait désormais m'arriver après ces longues périodes d'hospitalisations. Sans inquiétude et désireux de vivre à pleins poumons après cette période difficile, je suis parti en 2012 faire un long voyage… 8 000 kilomètres, afin d'aller retrouver mon fils et découvrir des îles paradisiaques : Les Antilles… La carte postale rêvée !

Enfin le partage, tellement indispensable à mon équilibre, moi qui n'avais jamais pris le temps pour ces moments. Deux mois exclusivement pour nous deux. J'étais ressourcé, j'oubliais les mauvais souvenirs, je me concentrais sur l'instant présent. Il n'y avait plus de course ni de sprint, mais uniquement la culture de l'art de l'intégration, les promenades, le partage.

J'aurais dû commencer par tout cela, depuis bien des années…

Au terme de mon séjour, cet endroit m'était si sympathique, qu'avec mon calme légendaire, j'ai pris la décision d'y créer une entreprise, alors que ma retraite anticipée avait été prononcée. Encore une idée fantasque qui arrivait, à l'abordage toute !

Ma décision prise, je suis rentré en métropole, pour y charger trois mois plus tard, un conteneur avec toutes mes affaires. Arrivé sur place, peu fier de changer de destination, j'ai rencontré une nouvelle compagne.

Cet emballement de vouloir toujours être en mouvement, me propulsa dans des turbulences. Par cette exubérance et par mon excès de confiance, j'ai investi la totalité de mon capital financier dans une nouvelle activité. C'était encore un excès d'assurance.

Ce mode de fonctionnement me mettait en danger, ce n'était certainement pas un hasard, mais pour certains, à nouveau les signes de troubles du comportement. Ma mémoire ne me rappellera même pas les situations analogues rencontrées par le passé. Je continuais sans réfléchir aux éventuelles conséquences.

J'ai mis mon entière confiance dans des partenaires peu scrupuleux, et j'ai constaté très rapidement la détérioration de mon entreprise. La fragilité de cette dernière s'accentua et m'obligea à un arrêt d'activité. Ces circonstances m'incitaient à rentrer en France, mais l'idée de croiser le regard des autres après une faillite m'était insupportable. De plus, le suivi médical était sous-évalué dans les îles, je voyais un psychiatre seulement tous les six mois. Il m'administrait alors une ordonnance afin de réguler le traitement de ma bipolarité. Tout cela rendait ma situation chaotique.

Cette période me mettait en péril. La configuration d'une éventuelle explosion était possible, j'étais mal à l'aise, ne sachant comment me sortir de cela. Pour récupérer des fonds, j'ai fait tous les petits boulots possibles pendant cinq années. J'ai essayé de récupérer tout ce que je pouvais, car j'avais un statut précaire. Je n'ai jamais précisé ma situation auprès de ma famille, qui me manquait énormément…

Pour préparer mon retour, afin de retrouver les miens, j'ai soldé toutes mes affaires. J'étais parti avec un grand conteneur, je rentrais au pays six ans plus tard avec uniquement quatre valises.

La fuite que je voulais au départ avait pris une autre tournure… L'évolution m'avait été défavorable, j'étais ruiné. Mes pensées allaient vers cet avenir peu glorieux. Je craignais de devenir dépendant de mes enfants, moi qui leur donnais peu de nouvelles, juste de faux-semblants pour ne pas les inquiéter.

Retour au point de départ et incompréhension

En 2018, mes valises à la main, j'étais de retour dans mon pays natal. L'inconnu prenait une grande place, il me fallait me loger alors que les portes ne s'ouvraient pas. La légitimité de mon passé entraînait un refus systématique à mes demandes. Mon langage, que je croyais universel, se heurtait à des confrontations d'idées et venait s'ajouter à des soucis que je ne pouvais résoudre.

La désapprobation de mes amis était inhérente à ma fuite et cela me laissait sans voix. J'écoutais les remontrances de tous, les moqueries avec parfois de l'ironie… En fait, ils ne connaissaient rien de la maladie qui me touchait.

L'absence de dialogue me rendait inapte à convaincre ceux qui me critiquaient. Cette ambiance me perturbait et me désorientait dans mes choix de vie. Seule ma sœur ne portait pas de jugement, quant à mes enfants, ils restaient eux aussi dans l'expectative.

J'aurais dû passer à autre chose, mais il en sera autrement. Dans mon dos, mes amis, que j'appelle maintenant mes ex-amis, donneront de moi une image écornée, en diffusant comme une traînée de poudre ma pathologie. La propagation de cette rumeur va me blesser et m'isoler. Les mots me manquaient pour leur montrer ce que j'encaissais depuis ma petite enfance avec cette maladie.

Un jour, une dame, par méconnaissance, se permettra de préciser : « Devant un bipolaire il faut s'éloigner, car il est toxique ». Cette personne ne peut pas s'imaginer combien j'en ai été affecté. Afin de ne pas être stigmatisé, je suis resté sans voix.

J'aurais tellement voulu être compris, me trouver simplement normal, bien dans ma peau, sans vivre dans la peur du lendemain, dans l'attente d'une guérison. Mais il n'en était rien, cette satanée incompréhension récurrente était parfois vectrice de mon blocage et m'envoyait dans les pleurs. Inconsolable pendant des jours, il me fallait faire profil bas et dissimuler par des blagues mon véritable état.

J'étais très impatient, mais les problèmes semblaient sans solution. Je revenais en arrière, mais il fallait cette fois prendre les bonnes décisions. Une colère m'envahissait, un malaise permanent. Je me situais dans un dédale de contradictions. Malgré mon passé aux rebondissements multiples, il me fallait faire face, tenir bon…

Je recherchais coûte que coûte un appartement pour m'y installer. Moi qui avais vécu dans une forme d'abondance, avec une grande maison, une piscine… Je me retrouvais dans une forme de dénuement. Un peu comme l'arbre debout auquel on a retiré l'écorce, je me sentais à nu.

Mes travers prirent le dessus, encore une fois. À la recherche de relations de valeurs, toutes celles que j'allais trouver s'avéreront non constructives et ne m'apporteront pas une solide harmonie.

Ce retour, que j'avais imaginé meilleur, va me laisser deux très longues années dans une errance totale. Je traînais pour passer mon temps, rien ne venait m'apporter bienfait ou satisfaction.

J'étais cloîtré presque tout le temps, dans un tout petit appartement, notamment pendant le confinement en raison de la crise sanitaire de la période Covid.

D'un point de vue santé, je risquais fortement un rebond, une rechute de ma maladie. J'étais conscient de cette situation dommageable et apeuré de percevoir les prémices d'un suicide.

Cette situation était inextricable, mais il me fallait occuper mon temps. Aussi, je me suis mis à jouer de la guitare à longueur de journée. Puis, je me suis adonné à l'écriture de poèmes, en alexandrins. Une révélation tardive, pour moi qui n'avais pas ouvert un livre depuis la classe de 5e. J'ai pris mon courage à deux mains, toujours dans l'excès, pour écrire du matin au soir, confiné dans ce petit lieu.

Je noircissais les feuilles avec pragmatisme et une plume exacerbée, ce qui me donnait un calme relatif. Cela me procurait encore plus de motivation, quand je le faisais lire à quelqu'un. Mais je restais modeste, mon but initial n'était pas une recherche de reconnaissance. C'était simplement une autosatisfaction, un passe-temps qui m'empêchait de me morfondre. J'ai conservé ces écritures.

Je vivais dans une forme d'insouciance, en attendant cette fin de la Covid, une pandémie dont on ne connaissait pas les aboutissants.

Cependant, je devais prendre une nouvelle direction, car ce retour à la case départ n'était pas très enviable. Il me fallait trouver un lieu propice à une installation plus confortable, car la stabilité n'était pas encore à l'ordre du jour. Pendant cette étape, je vagabondais avec des idées non structurées, entre le désir de bouger et celui de rester sur place…

Le parcours s'annonçait des plus confus, je savais qu'il me faudrait nécessairement du temps pour faire les choix les plus judicieux.

Deux années plus tard, en 2020, je me suis engagé dans une relation amoureuse avec Marguerite. Chez elle, je me suis surinvesti pendant six mois afin de faire face à un déménagement gigantesque, et pour nettoyer l'ensemble de sa propriété. J'ai une nouvelle fois voulu tout maîtriser, comme elle le précisera plus tard. Cet investissement entraîna un nouveau surmenage, j'ai alors alerté mon fils que je préparais une nouvelle tentative de suicide, c'était un appel au secours. Il prévint aussitôt ma compagne et en rentrant à mon domicile, ma surprise fut grande. Dix gendarmes m'attendaient et m'ont interpellé. Le déploiement était surdimensionné, les pompiers m'ont emmené dans une clinique.

J'avais connu une situation analogue d'internement dix-sept ans plus tôt. J'ai aussitôt pris mes responsabilités, demandant un entretien quotidien avec un psychiatre qui, par un traitement adapté, a su réguler ma pathologie.

J'entrepris aussi la mise en place de rendez-vous, pour un suivi médical à ma sortie de clinique. J'implorais une sortie rapide, mon intégration démontrait que là n'était pas ma place. Mon idée suicidaire n'ayant pas été suivie de faits, cela laissait place à la récupération de mes droits civiques. Je suis resté dans cette clinique une dizaine de jours. Cette fois-ci ma famille a toujours été présente, par des appels téléphoniques journaliers.

Le bon de sortie signé, il fallait venir me chercher, moi qui étais à 150 km de ma famille. Une personne, mon amie Marguerite, celle à qui je dois tout est venue me récupérer dans cet endroit hostile. Je la remercierai toujours, pour ce geste de bonté. Elle acceptait à nouveau de continuer une vie commune, elle ne me laissait pas tomber, sans tenir compte des avis défavorables de sa famille. Je n'oublierai jamais son attitude.

Pendant quelques semaines, j'ai pris du repos, mais une nouvelle fois ce calme sera de courte durée…

Prise de conscience de la bipolarité et des troubles

Ma dernière relation, Marguerite, aurait dû me faire progresser, mais une fois de plus mes divers troubles sont à l'origine de notre séparation. Il y aura en plus une incompréhension…

Après cette séparation j'ai ressenti un grand vide, une colère intérieure. J'avais aussi la volonté d'en finir avec ces dégâts collatéraux, et tenter de trouver avec le corps médical et par tout autre moyen, des solutions profitables.

Je n'ai eu aucun dialogue avec mes enfants sur ma maladie et mes troubles comportementaux. Nous n'avons même pas évoqué cette pathologie, à laquelle ils semblaient peu s'intéresser.

Ma position était inconfortable, je ne savais comment aborder ce dérèglement. Je souhaitais m'excuser pour ce passé, mais quel crédit, quelle confiance, lorsque l'instabilité est permanente ?

L'un de mes fils prendra l'initiative de désamorcer tous ces instants. Il n'est pas insensible à ma situation. Je le remercie beaucoup d'être à mon écoute. Cela me permet d'évacuer, de lâcher prise, de ne plus tenir compte de futilités et de me concentrer sur moi.

Recommandations et remerciements

Pour toutes les blessures, dans un corps maltraité, il se profile un traitement. Le travail du monde médical est primordial dans la guérison. Quand le diagnostic est établi, l'échange avec le professionnel de santé doit être convaincant, car il saura se positionner en fonction de vos souhaits. Par son écoute de tous les sujets, même les sujets tabous, il percevra le moindre indice d'un risque de rechute.

Dans le domaine de la psychologie, il en résulte des groupes de parole ainsi que des entretiens individuels. Pour ma part, j'ai opté pour la deuxième solution.

Aussi, un infirmier psychologue me reçoit très régulièrement, pour discuter et évaluer ma situation. Si elle vient à décroître, un rendez-vous est alors programmé avec le psychiatre, prescripteur de médicaments, qui suit mon dossier.

La préconisation est d'un rendez-vous tous les deux mois, pour un entretien et un renouvellement d'ordonnance. Lors de ces rencontres, l'écoute est primordiale, aussi je prépare toutes mes interrogations sur un bloc-notes.

Lors de ces tête-à-tête, je décris mon caractère du moment, mes angoisses si elles sont présentes et mon état psychologique. Des solutions sont alors proposées et débloquent parfois des verrous. Ces concertations permettent une prise de conscience, afin d'éviter les dysfonctionnements.

Il faut toujours redoubler de vigilance, les dosages médicamenteux doivent être très précis, notamment ceux des médicaments psychotropes, qui assurent une meilleure stabilité.

La reconstruction passe également, par un environnement sain. Il faut obligatoirement bannir les excitants, car les thymorégulateurs, participant à la stabilisation de l'humeur, ne font alors plus d'effet. La prise d'excitants déclenche une irrémédiable bouffée délirante, le choix est vite fait, il ne faut pas y toucher !

Autour de cet environnement médicalisé, des solutions peuvent émerger avec des méthodes diverses, telles que le yoga, la prise de plantes douces… Mais dès le moindre soupçon de réveil de la maladie, il ne faut pas hésiter à consulter afin d'éviter les travers défavorables que provoquerait une rechute.

Pour obtenir une réelle solidité dans ces épreuves, rien de mieux que la vie de famille, qui est source de stabilisation. Elle évite de subir, par l'isolement, une dévalorisation et un climat plus qu'anxiogène. Seules les contrariétés sont le terreau fertile d'un développement de changements d'humeurs, incompris par la famille et les amis.

Aujourd'hui je suis toujours en traitement et je le serai toute ma vie. Des solutions m'apparaissent maintenant comme évidentes, confortées par l'écriture de ce livre. J'ouvre les yeux sur un nouvel avenir avec l'espoir d'un véritable changement auprès de mes proches.

Dans mes relations, j'évite désormais de parler de ma maladie, afin d'éviter l'accroissement de ces incompréhensions. Cela m'évite d'être dévalorisé et de subir parfois des regards méprisants.

Ceux qui me sentent coupable ne veulent pas essayer de comprendre mes comportements anormaux.

Mais pardonner, est-ce vraiment facile ? Aux yeux de beaucoup j'ai fait du mal et la confiance se trouve rompue.

Certains refusent mes doléances et cherchent à m'écarter du giron familial ou amical. Je leur souhaite de ne jamais connaître la pathologie génétique me concernant.

Moi qui chéris la vie, malgré ses anicroches, je demande pardon à ceux que j'ai blessés par mon fonctionnement et je souhaite avoir la chance de tracer une nouvelle route salvatrice.

Ce n'est que mon attitude dans le temps, qui me permettra de reconquérir ma famille, puis de me reconstruire. Je suis coupable de ne pas avoir pris la pleine mesure de l'impact causé sur mes proches. J'ai regardé avec trop de distance les souffrances, abandonnant mon rôle qui était de m'assurer que mes enfants soient à l'abri du manque, en tenant compte de leurs désirs, et en valorisant leurs parcours.

La bipolarité et mes troubles amenuisés, mes agissements plus apaisés, me rapprocheront peut-être de ceux que j'aime… Je l'espère vraiment.

Je me permets, ci-dessous, de vous donner quelques recommandations qui m'ont aidé dans la prise en charge de la maladie. Cette liste est bien sûr non exhaustive.

À partir de constats, j'ai noté des modifications à apporter dans sa vie courante, avec l'objectif de retrouver une nouvelle joie de vivre.

En plus de ces recommandations, chaque jour, je relis le texte suivant

« *Mon courage et ma volonté sont ma motivation.*
J'ai des qualités qui font ma personnalité,
mes défauts sont derrière moi,
je dois les effacer au mieux chaque jour ».

Mes recommandations :

1. Prendre du plaisir, pratiquer le sport, lire, cuisiner, se reposer.
2. Ne pas agir sans but précis, pour combler un vide.
3. Penser à soi et au bonheur procuré.
4. Voir les vrais amis et sa vraie famille, notamment la famille âgée non éternelle.
5. Évaluer son état de santé, préparer les entretiens du suivi médical.
6. Faire confiance à ses proches.
7. Ne rien imposer aux autres, leur vie leur appartient.
8. Ne pas s'identifier par rapport aux autres.
9. Éviter les gens nocifs, sans intérêt.
10. Ne pas revenir sur le passé, regarder et parler de l'avenir.
11. Maîtriser les énervements non justifiés.
12. Faire le bilan de chaque journée.
13. Suivre ses comptes et résister aux achats compulsifs.

14. Éviter le tabac et autres excitants.
15. S'occuper de ses papiers administratifs.
16. Ne pas entreprendre de projets trop ambitieux.

Ce mode opératoire m'a partiellement soigné. Il m'a aidé à lutter chaque jour, sans baisser les bras.

J'ai commencé ce livre par, il était une fois… Je vais le conclure par une fin plus exaltante…

En m'initiant à l'écriture, j'ai trouvé un plaisir immense à partager mes joies, mes peines, en décrivant les conséquences des troubles bipolaires et comportementaux. Je vous ai présenté les diverses étapes de ma vie, moi qui vis dans des contrariétés permanentes, avec des pertes de contrôle…

Les faits décrits dans cet ouvrage sont réels. Ils montrent la prise de conscience tardive de mes troubles, ce qui ne m'a pas permis d'avoir toutes les chances de mon côté pour avancer.

En terminant cet ouvrage, il est très important pour moi de remercier les personnes qui ont su me convaincre du bien-fondé de ce livre, Marguerite et Jérôme.

Marguerite, mon amie, qui ne s'est jamais fait d'illusions quant à la finalité de ce projet d'écriture. Elle m'a soutenu sans dénaturer mes dires.

Mon fils, Jérôme, aujourd'hui en Nouvelle-Calédonie. Il s'intéresse de près à ma pathologie et contribue à distance à un encouragement bénéfique. Il provoque mon dynamisme !

J'espère également que la lecture de ces pages donnera, à mes fils Nicolas et David, l'explication de mes dérives à répétition et nous aidera à nous rapprocher.

L'achèvement de ce livre est une renaissance, une cure de jouvence, un éclairage dans ce qui était l'obscurité, comme je l'écrivais en introduction.

En écrivant, je me suis senti valorisé, ceci m'a donné une force inégalée. C'est une forme de résurrection, pour moi qui suis assez éloigné des croyances.

En conclusion, je reprendrais la phrase de mon psychologue et psychiatre :

« Bravo M. Leduc ! Vous faites un bon travail, pour vous, pour votre avenir, mais aussi pour les autres ».

Imprimé en Allemagne
Achevé d'imprimer en octobre 2023
Dépôt légal : octobre 2023
Pour

Le Lys Bleu Éditions
40, rue du Louvre
75001 Paris

www.ingramcontent.com/pod-product-compliance
Lightning Source LLC
Chambersburg PA
CBHW062347010826
49168CB00024B/304

* 9 7 9 1 0 4 2 2 0 8 7 3 8 *